キルギス再発見

再びキルギスへ

小山矩子
Noriko Koyama

文芸社

地図① キルギス共和国をとりまく国々

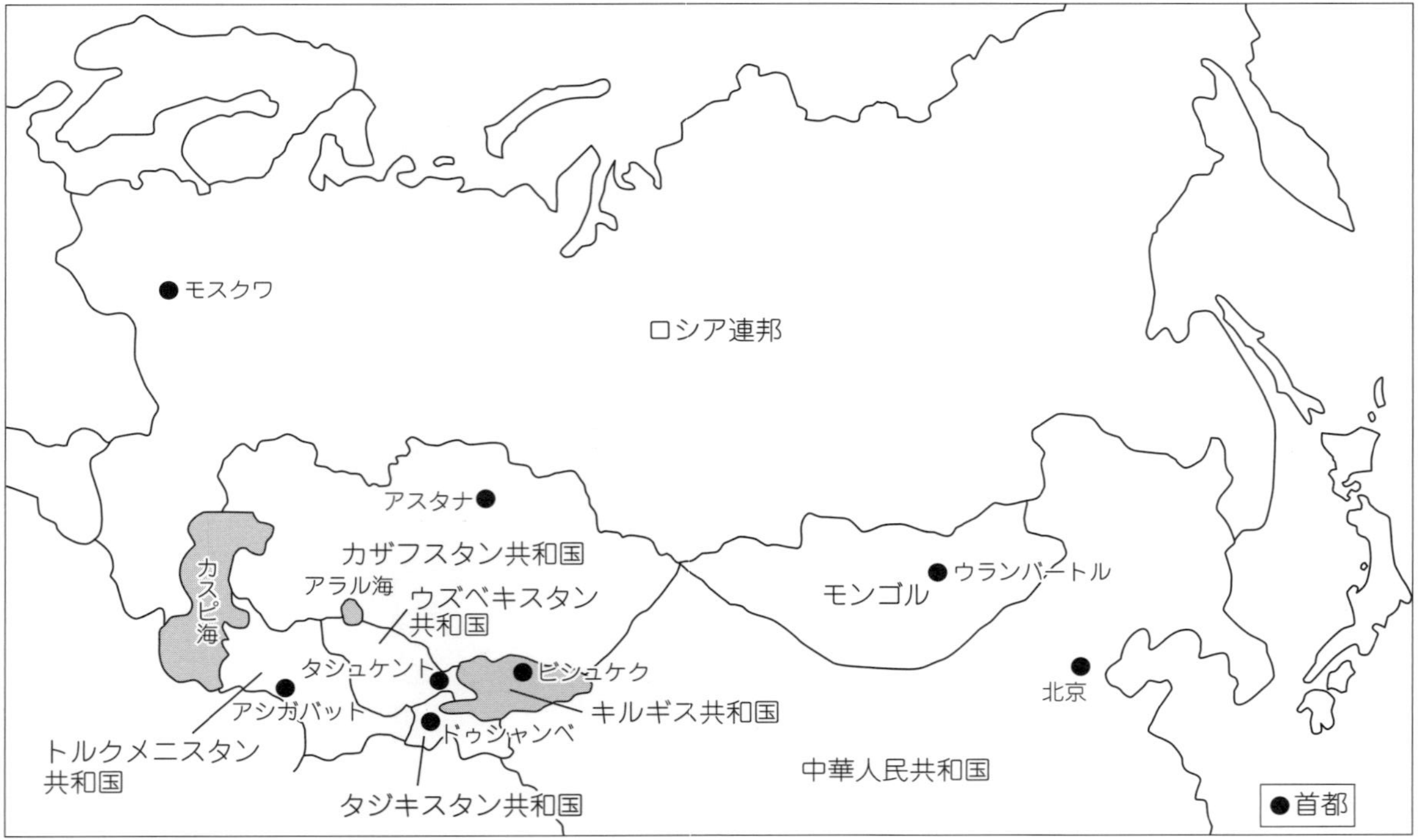

地図②　キルギス共和国

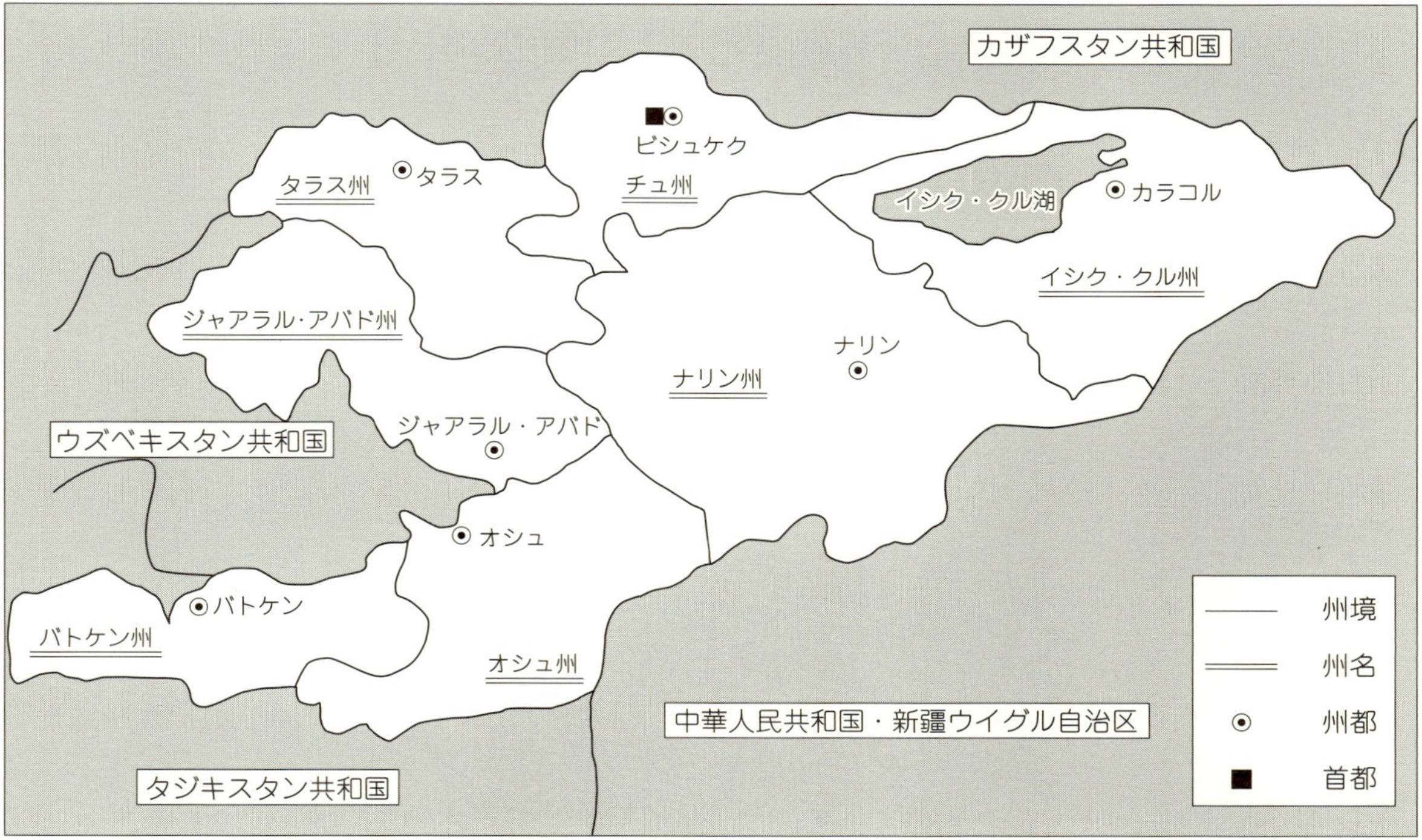
カザフスタン共和国
ビシュケク
タラス
タラス州
チュ州
イシク・クル湖
カラコル
イシク・クル州
ジャアラル・アバド州
ナリン
ナリン州
ジャアラル・アバド
ウズベキスタン共和国
オシュ
バトケン
バトケン州
オシュ州
中華人民共和国・新疆ウイグル自治区
タジキスタン共和国
州境
州名
州都
首都

キルギス再発見

再びキルギスへ

目次

第1章　改まった認識

もしかしたら……　15
旧市内と新市内　20
豆腐はやはり柔らかだった　22
冷気はどこから　26
ビシュケクⅡ駅　30
エルキンディック大通り　35
秋の夕暮れ　43

第2章　五周年剣道大会

弟子たちの来日　51
大会当日　53
文化交流へと　58

第3章　山（峠）越え

キルギスの「南の首都」、オシュ　63

ビシュケクからジャアラル・アバドへ　68
①約二〇時間のタクシー行程　68
②え⁉　あの高山をどうやって⁉　71
③やはり、危険な旅？　77
④峠越えのプログラム？　81
ジャアラル・アバド州からオシュ州へ　90
①車で四〇分が、三時間半の理由　90
②霊山スレイマン登山　94
③オズギョンへ　102
ジャアラル・アバド州からビシュケクへ　106
①ユルタに住む人たち　106
②得がたい経験となった山（峠）越え　112

第4章　日本人墓地のこと
——隣国ウズベキスタンにて

タシュケントの日本人墓地　121
ナヴォイ・オペラ・バレエ劇場　130

あとがき　135
参考文献・参考資料　139

第1章

改まった認識

ビシュケクⅡ駅構内

地図③　ビシュケクⅡ駅からキルギスの文化の中心地へ

もしかしたら……

予想はしていたがやはり夫に、「キルギス剣道事務局」からキルギス剣道連盟に所属する「水月《すいげつ》クラブ」創設五周年の記念式典への出席依頼があり、再びキルギス共和国（以下キルギス）へ飛び立つことになった。前回の二〇〇八年同様、私も健康管理、炊事係として同行することになった。幾つか予定されていた約束を断ってまで同行したのは、八五歳の夫の健康管理や炊事係の任はさることながら「もしかしたら……」という願望がもくもくと頭をもたげて来たからでもあった。それは、山岳の国キルギスの「山（峠）越え」である。

若い頃私は、初めて経験した北アルプス槍ヶ岳の登山で山の魅力に取り憑《つ》かれた。以来五〇年以上経った今も、山に対する畏敬と感動は変わらず私の心に居座っている。高齢となり山登りが不可能となった今、山に対する憧憬は一層強くなっている。

二〇〇八年、思いがけなく中央アジアの真珠と言われているイシク・クル湖一周の旅が叶《かな》い、また首都ビシュケク市内を地図を片手に歩き回ったおかげで、市内の様子は大雑把であるが捉えることができている。今回は市内巡りに徹してみようかなど、殊勝《しゅしょう》にも考えたが、叶うならば「山（峠）越えを」の希望を捨て切れなかった。

この節、都内はもちろんのこと、近郊のあちこちから国際空港成田行きのリムジンバスが運行されている。旅行用の大型鞄は、前日に宅配便を利用して空港に送り届けてある。手荷物一つで電車に乗り込み、二駅先にあるバス停へ向かう。なんでもないことであるが、高齢者にとってはこれは有り難い。十分な余裕の中で搭乗手続きを済ませた。

　私たちは、今回もウズベキスタン航空が週二回運航している定期便を使い、タシュケント（ウズベキスタンの首都）へ。そこから乗り継ぎ、キルギス国際空港へ向かう。

　成田国際空港を二一時に飛び立った飛行機は、予定の時刻にタシュケントへ到着。ここタシュケントは、中央アジアの周辺国とヨーロッパ諸国との接続地点である。ここで行き先を間違えては大変なことになる。前回の緊張が甦ったが、たいした不安もなく手続きを終えることができた。やはり、待ち時間にはぐったりしてしまった。

　待合室は大勢の客でごった返している。立ったまま搭乗の案内を待つ。天井が高いので息苦しさはないが、足は棒のよう。動きが起こった。中央階段の左右の出口に人の流れができた。前回見た光景である。あの時と同じように、太った女性がなにかわめいている。

前回の経験から、私たちは難なく出口に向かう。ところがそこは、また荷物とボディーチェックである。タシュケント空港は、各国へ向けての離合集散の要《かなめ》の地である。前回も、ここで検査があり、狭い通路を順番を待って並んだ覚えがある。検査は前回以上に厳しくなっていて、簡単に通過できない。

今回の帰りのことであったが、荷物やボディーチェックだけではなく靴を脱がしてまで検査をした関所があった。手荷物と靴をさげ、近くの椅子に移動する紳士、淑女の姿（？）は笑うに笑えない光景であった。

二つめの控え室で、ビシュケク行きの出発を待つ。様々な服装の人々の集まりは、観ていて飽きない。赤、青、黄を始め色とりどりの服を体に纏い、頭にはスカーフを巻いた女性の集まりが次々にやって来る。そのたびに控え室は華《はな》やぐ。ここでは、長い時間もあっという間に思えた。

半間ほどの出口に立った男性の声がかかると、荷物を提げて人々は次々と出て行く。そして行き先別に分かれ、バスに乗る。分かれる地点に立っている男性に「ビシュケク！」と声をかけ、バスに乗った。余裕のあるところを見せたかったのかな（？）と自分の行為に思わず笑ってしまった。

キルギス国際空港（マナス空港）には社長（携帯電話関係・剣道の仲間）と弟子のヴラッド君が出迎えてくれた。社長の計らいで、入国手続きは早く終えることができ助かった。

空港から一直線の道。両側に並ぶ街路樹の間から、枯れ草の草原の中に民家が点在する。この道の前方に、万年雪と氷河に覆われた連峰キルギス・アラ・トーが見えるはず。期待いっぱいで見詰めたが、再会は叶わなかった。雲に隠されていた。

旧市内と新市内

見覚えのある灰色のアパート群の一角に車は止まった。アパート全体を取り囲む鉄柵。一つ一つの窓に取り付けられた安全対策の鉄の格子、すでに見慣れた光景になんの不思議さも感じず部屋に入った。

旧市内にあると言われる今回のアパートは、首都ビシュケク市の中心から東南方向にあり、市の西南の位置に当たる前回居住した新市内のアパートとは、かなり離れた位置になる。

ちょっと暗い入り口が懐かしかった。前回と違うことは、角の二階の部屋でなく、一階で左から二番めの入り口の部屋であった。屋内は一二、三畳ほどの三つの部屋に間仕切りされ、入ってすぐの一区画にトイレと浴槽、ダイニングと続く。次の一室は、椅子、テーブル、テレビ付きの居間。一番奥の部屋は、洋服ダンスとベッドを備えたプライベートルームとなっている。この間取りは、すべて新市内の前回のアパートとまったく変わりはない。このアパートも、かつてはロシア人のものだったのだろうか。改装の後らしく綺麗な部屋で、敷き詰められた厚い絨毯の足ざわりもよく、満足であった。が、食器棚がなく、食器類はもちろんのこと、鍋、お玉杓子《たまじゃくし》に至るまでなにもないのには困ってしまった。食品関係では前回の反省を元に万全の用意をして来たというのに、鍋を始め一切の食器類がないということは料理の腕の見せようがない。取りあえず鍋はヴラッド君の自宅から借り、ほかは購入することにした。

豆腐はやはり柔らかだった

夕方までには時間があるので、さっそく買い物に出かけた。アパートから二分位の所に日本でよく見かける物置風の店があった。前回時々利用した日用品を扱っている店である。前回と違うところは、このような小型の店が続いて並んでいることである。それに商品の品数も多い。少し行った所に小さなスーパーがあった。ここでは米を始め、肉、野菜、洗剤、石鹸などちょっとした日用品があり、用は足せる。

前回は、アパートから一五、六分の距離にあったスーパーにはよく通ったが、瓶入りや包装されたレトルト食品が多く、文字の読めない私は、選ぶのに苦労し十分に利用することはできなかった。その上、会計は籠に入れた商品を纏めて支払うレジでの支払いなのである。扱い慣れていないお金の支払いはもたつき、焦ってしまう。今回はそんな苦労はなさそうである。変にモダンでないところは、「旧市内のせいかな?」と一人合点をした。

日本センターの濱野所長から、近くにバザールがあると教えていただいた。大道りを横断したすぐ近くにそのバザールはあった。日本で見る大型のスーパーである。今まで手に入らなかった様々な食材が山のように積まれている。菜物以外は野菜の種類も多く、清潔なのがいい。前回はブロイラー一羽分の焼肉の始末に手こずったが、ここでは幾つかの部分に分けられて温められ売られている。さっそくもも肉を二つ購入した。今夜は久し振りに肉類にあり付ける。

前回親しんだ新市内のスーパーや日本のスーパーと、このバザールとの大きく異なるところは、売り商品の前にそれぞれの売り手が立ち、買い手との会話によって売り買いが成り立っていることである。売り手が小さなジャガイモを一つ余分に乗っけてにこっと笑う。私も、有り難うの気持ちを込めて頭を下げる。私が大きな南瓜《かぼちゃ》に戸惑っていると、小分けした南瓜がそっと目の前に置かれる。外国人の私と売り手の間では会話は成り立たないが、それでも商談は成立する。

私の袖を引っ張る人がいる。振り向くと、しきりに白い塊を指差して、「買え！」と勧める。そのうち「とうふ！　とうふ！」と言い始めた。よく見ると、確かに日本の豆腐に似ている。前回、これと似たものが新市内のスーパーにもあった。その時は〈豆腐じゃないか！〉と思い、よほど買おうと思ったが、触ってみると石のように硬い。〈高野豆腐かも！〉とも思ったけれど、あまりにも大きい塊なのであきらめたことを思い出した。

「触ってみろ！」と言う。しぶしぶ触ってみると、温かくそして弾力があり柔らかかった。確かに豆腐である。うれしくなって買い求めた。売り手のおばちゃんは私に、「日本?」と尋ねた。私は大きく頭を縦に振って、「オー、イエース!」と応えた。売り手のおばちゃんは、イエースの意味は分からずとも、私が日本人であることは十分に分かったと思う。スーパーにはない人間と人間との結び付きが、バザールにはある。そこには人種の差別はない。私は、大通りを越えた所にあるバザールの魅力に取り憑かれてしまった。

久し振りの豆腐の味噌汁は、たいそう美味であった。夫と二人で味わいながら食した。レンガほどもあった残りの豆腐は、やはり堅くなっていた。そこで油でいたため、だしを加えて炒り豆腐にした。これがまた美味で、うれしさが二重になった。

冷気はどこから

夫を見習って、私も早朝一時間の散歩を始めた。あちらこちらのアパートの窓は閉ざされ、街はまだ目覚めていない。忙しく朝の用意をしているのかもしれない。ごろごろ転がっている石をよけながら、低い土手を駆け上がる。と、左手前方に、真っ白な氷に覆われた高い山が目に飛び込んで来た。

「すごい！」、見入ってしまった。言葉にならないほどの衝撃を受けた。

思いがけなかっただけに感動は大きい。見回すと左手奥から、右手を百八十度広げて、なお樹木の間から姿を見せる広大な氷河に覆われた連山であった。

早朝窓を開けると、冷気が入って来る。「涼しい」とか「爽やか」とかの言葉では言い表わせない独特の空気なのである。空気に敏感な私は、早朝の空気が好きで、起きるとまず台所の窓を開け何度も深呼吸をした。独特の空気は氷河に覆われた山からの贈り物だったのである。

気高く聳える不動の氷河に覆われた山も、時間によって微妙に姿が変わって見える。当然のこととは言え、凛々《りり》しく聳える氷河に覆われた山の姿に、畏敬の念を抱き続ける私にとって、このことは思いがけないことであった。

散歩に出かける時間が遅くなると、連山の形が変わって見えるのである。これ

ビシュケク市内。奥に氷河に覆われた連山が

は、氷河に覆われた山の山肌に当たる太陽の角度の違いから生ずる現象なのである。その日の真っ白な連山は、いつもの凜々しい姿はなく丸みを持った女性的な姿であった。

しばらく歩くとその先に線路があり、毎朝決まった時刻に機関車が姿を見せ、その姿を消す。地図で調べると、近くにビシュケクII駅のあることが分かった。この駅は、隣国ウズベキスタン共和国のタシュケントから、山岳国キルギスのイシク・クル湖西岸のバルクチへ走るキルギス唯一の鉄道の駅の一つである。

さらに、広い道をぐんぐんと西に向かって歩いた。左は線路。そのずーっと先には平行に真っ白な氷河に覆われた連山が見える。右手には木立の間に高層住宅が切れ間なく並び、アパートとは違うことが一目で分かる。マンション(?)なのであろう。道の両側には、余地のないほどの車の駐車である。ここから車で出勤するらしく、一台二台と車が出て行く。道のあちこちの車の陰には痩せ細った野良犬がいて、私たちの姿を見ると尻尾を振りながら出て来る。いつの間にか、餌やりが散歩の目的になってしまった。

広い道を鉤《かぎ》の手《て》に曲がり、最初の大通りを右にしばらく歩いて行く。道路に沿って、公園や学校、洋服などを扱う商店が並んでいる。そこまで来ると、勤め人や学生の姿を見かけるようになる。犬を連れた老人や、道を掃く老婦人の姿もあり、一日の始まりを感じさせる。道路を挟んだ向こう側には商店が並び、角には銀行もある。前回のキルギス来訪時に目にすることのなかった街の雰囲気に、旧市内の佇《たたず》まいを感じさせられる。

アパートの近くの大通りまで戻って来ると、人々の動きが一段と賑やかで、朝食のためか塀の上に並べた果物や、瓶に入った馬《ば》乳酒《にゅうしゅ》（クムズ）を求めて年配の女性が集まっている。

ビシュケクⅡ駅

ビシュケクⅡ駅を通り過ぎさらに西に進むと、前回住んだアパートがあるはず。駅近くのチャイハナ（軽食店）で朝食をとってから、尋ねてみることにした。

ビシュケクⅡ駅

前回のキルギス来訪時に何度か耳にした警笛と遠くに氷河に覆われた山の姿を思い出した夫は、その山の姿を見たいと言う。私も、すぐ近くにあった線路を発見し線路脇の荒れた小道を歩いたことを思い出していた。

線路の向こう側には、確かに大きな通りがあった。この通りを線路伝いに歩けば、アパートを訪れることができると確信した。しかし、五〇〇メートルも行かないうちに舗装された道は途切れてしまった。

結局私達は、そのアパートに行くことを断念し、ビシュケクⅡ駅に戻った。ビシュケクⅡ駅の立派なのに驚いてしまった。マンション群の姿の消えた、鬱蒼とした樹木の道の果てにふと目にしたせいだけではなく、どっしりとした石の建物が階段の上に見事に建っていた。発車時間の関係のせいなのか、切符売り場も、構内も閑散としているのには拍子抜けした。改札を通ることもなくホームに出て列車を見る。前回バルクチへの途上見かけた線路は、単線の上、二輌連結であったので小規模な様相を想像していただけに、九輌もの連結をしたホームいっぱいの車輌に驚いてしまった。しかも、長く連結した車輌が幾本も待機している。

旧ソ連製と言われる車輌は、スマートで、渋い色合いといいすごく見ごたえがある。バルクチに実家があるという学生に「バルクチまで汽車を利用すれば……」という意見に、「時間がかかって……」。自動車の方がよほど速い」と答えが返って来た。ビシュケクⅡ駅は、旧ソ

ビシュケクⅡ駅構内に停車している旧ソ連製の列車

連製の車輌の折り返し地点なのかもしれないと思った。そしてバルクチには、二輌編成の車輌が走っているのかもしれない。前回目にした山の谷間を走っていた二輌を思い浮かべた。

独立二〇年に満たない国の今後を見る思いがした。そしてこの素晴らしい駅が、やがて住民の期待に応えるときが将来必ずあるだろうと思った。

駅前の道を挟んで見事な花壇が延々と続いている。色とりどりの草花が、立錐の余地のないほど咲き誇っていた。建物といい、花壇の手入れといい、素晴らしいの一言に尽きる。草花の育たない国と思い、前回出版した拙著にこのことを書いたことを反省させられた。この花壇の道は東側の広い公園通りで、ビシュケク市を南北に走る大通りの一つ、エルキンディック大通りの出発点である。エルキンディック大通りは、文化の中心地ドゥボーヴィ公園へと繋がる。キルギス滞在中に、この道はじっくりと歩こうと思った。

恥ずかしいことに私は、首都ビシュケク（チュ州）と隣接するほかの州との境界は鉄道だと思い込んでいた。購入した地図を見て、無知を恥ずかしく思った。線路の南に、さらにチュ州は広がっていたのだ。

ある朝の散歩で、地下道を越え線路の向こう側に出てみた。一〇〇メートル以上はあろうかと思われる広い道路が、目の前にあった。道に沿ってビシュケクⅡ駅の方向に歩いた。道路の左手は、道に沿った木立の中に高層の建物が続く。建設中のものも見られる。草原を予想していただけに意外であった。高層の建物のせいか、ここでも見えるはずの氷河に覆われた連山は見えない。

ビシュケクⅡ駅の改札（南側）へ行くには、幾つかの階段を渡り次ぎ、幾本かの線路を越えなければならない。ソ連時代の都市計画の名残なのであろうか、駅の裏側には改札口はないのである。大きな袋をさげた人が階段を通り過ぎた。

エルキンディック大通り

秋の日差しが暖かいある日、ビシュケクⅡ駅から始まっているエルキンディック大通りからキルギスの文化の中心地へ向かって歩いた。この道の中心は、幅二、三〇メートルはあろうかと思われるコンクリート（?）の道になっている。その道の左右は、それぞれ幅一四、五メートルほどあろうかと思われる土の道となっている。ここには、隣接するコンクリートの道をも覆うかのように茂った大木が同じような間隔をあけ並んでいる。そしてその道の隣には、また幅一四、五メートルほどのコンクリートの道があって、その隣はまた大樹木の並木である。三つの大きな通りと、二つの植え込みを持つこの大通りは、端から端まで一〇〇メートル近くはあるのではなかろうか。道には所々にベンチが備え付けられている。あちこちのベンチで休む人の姿が見られた。一幅《いっぷく》の絵のようで眩しかった。私たちは、ベンチに腰をかけ、瞼を閉じ、しばらくの間静寂に浸った。素晴らしいひと時であった。

前方を見ると、この大通りは何百メートルあるのだろうか、ずーっとはるか彼方まで続いている。

同じような大通り、マラダーヤ・グバルジア大通りが、ビシュケク市の西の端を同じく南北に走っている。この二つの大通りを切るように、横方向に大小の通りが走っている。まさに碁盤《ごばん》の目である。そのため、エルキンディック大通りを北に歩いて行くと、幾つかの道を横断するようになる。日本の約半分の広さとも言われるキルギスでありながら、心の安らぎを与えてくれるこの空間。旧ソ連時代の都市計画らしいが、まったく雄大である。

チュイ大通りを目指して歩いた。

チュイ大通りに着き、そこを横断すると、目の前に広がるドゥボーヴィ公園に入って行った。

ドゥボーヴィとはロシア語で樫《かし》の木の意味で、この公園には樫の木が多く、秋には実が音を立てて落ちる、というように旅のガイドブック『地球の歩き方シルクロードと中央アジアの国々』(以下、『地球の歩き方』と表記)に書いてあったが、今まさに秋、日本の樫の実の三倍はありそうな大きな実が上から落ちて来たのには驚いた。樫の実も、これだけ大きいと痛い。下を見ると、たくさんの樫の実の残骸が落ちていた。この公園にも人影はなく、ベンチで腰を下ろして静かに会話をしている老人夫婦の姿があった。

この公園の西側の小高い所に、国立歴史博物館がある。前回、夫と見学した所である。二階と三階が展示場になっていたが、二階の展示場いっぱいに展示されていたレーニンや革命家たちの隊列を組んだ大きな像は圧巻であった。「ソ連が崩壊した今では、もう世界中でここでしか見られないかもしれない」と『地球の歩き方』にあったが一見の値打ちがあると思った。

三階の南側の窓から外を眺めた。窓越しにあの氷河に覆われた連山が見えた。日本語ガイドのワリエワ・エリビラさんが、あれはテルスケイ・アラ・トーだと教えてくれた。とすると、イシク・クル湖の南を走っていたあの氷河に覆われた山との繋がりであるわけで、さすが山岳の国キルギスと、その雄大さにまた驚かされた。

数日後、再び国立歴史博物館を訪れたのは、この一帯にはキルギス・ドラマ劇場やロシア・ドラマ劇場、国立美術館など文化を象徴するものがあると知り、ぜひともキルギス・ドラマ劇場の見学を、と思ってのことであった。日本語の達者なガイドをお願いしたのは、この劇場でキルギスを代表するマナス王の英雄叙事詩や、劇を観劇したいからであった。しかし運悪く、改装のため休演であった。国立歴史博物館正面の両側には、噴水が天を衝《つ》いていて、その右手前にはレーニン像に代わって自由の女神の像が天高く聳えていた。

チュイ大通りに沿った博物館左手に、一際目だつ美しい柵に囲まれたキルギス大統領府がある。ここから東へ少々移動した位置の一段高い所に、銃を手にした直立不動の二人の衛兵が立っている。衛兵は時間でその任を交代する。時間になると、総理府の東側にある道の奥から、前二人、後ろ一人の三人の衛兵が左手で銃を支え、足を高く振り上げ行進して来る。実に美しい姿勢と動作である。

すると、周囲にいた人々が、柵の近くに集まって来た。

赤い絨毯の前で止まった三人の衛兵の中の二人が、銃を掲げて赤い階段を上り、壇上の衛兵と交代した。任を終えた衛兵は、赤い絨毯を下り、壇の下で待機していた一人の衛兵と合流し、三人の隊となって退場して行った。

あれよあれよと言う間のきびきびしたその行動に、カメラのシャッターを押すのも忘れるほどであった。

衛兵は国軍の兵士で、直立した二人の衛兵の間に高く掲揚されている国旗を守る任に就いているのであった。

衛兵の交代の様子

国立歴史博物館を背にして立つと、前方に噴水を噴き上げている広場が目に入る。アラ・トー広場である。この広場は、国の祭典や式典が行なわれる中央広場である。大きな式典などでは、チュイ大通りは閉鎖されたり、交通規制されることもあるらしい。

キルギスでも車の交通量が増え続けていると言われるが、確かに前回のことを考えてみるとこんなではなかったと思う。見込み発進で飛び出す車に、大通り

「アラ・トー広場」。国の祭典や式典が行なわれる

の横断歩道は渡り切れない。青空駐車が道を塞ぎ、それで交通渋滞となっているので、ドライバーも焦りが出て来るのであろうか。

アラ・トー広場の前のチュイ大通りだけは、交通ルールが完全に守られているという。そう言えば、大通りなのに確かに楽に横断できたのであった。

横断してチュイ大通りを東に進んだ所にある「ファットボーイズ」というレストランに入った。『地球の歩き方』で調べておいたレストランである。地元の女の子たちがお喋りに来るようなパステル調のカフェ、ということが『地球の歩き方』に書いてあった。

キルギスに赴任していた次男が、キルギスは食事も美味しいし住みやすいと言っていた。外食するといいよとも言っていた。

鶏肉とベジタブルの盛り合わせは確かに美味しかった。これなら時には外食し、もっと積極的にキルギスの生活に入り込もうと、夫と話し合った。

チュイ大通りをしばらく東へ進むと広い交差点がある。ここにはキルギス唯一の百貨店ツムがあり、人々で賑わっている。中央郵便局も近く、ここいら一帯は市民の生活の中心地とのことである。幾組もの若者のカップルが、次々と通り過ぎて行った。

秋の夕暮れ

今回の滞在は、「キルギス剣道連盟　水月クラブ」創設五周年記念式典出席が第一の目標ではあったが、新しい弟子たちの指導に併せ、二〇〇九年の一一月に行なわれる初段の審査を希望している弟子たちへの練習も兼ねていたようで、約一ヵ月の滞在の帰国前日まで練習があった。

前回と違って、朝晩の二回、しかも毎日という練習日の組み方でなかったので、今回は夫と同行でビシュケク市内を歩き回ることができた。〈ビシュケクは手中にした？〉などといい気になっていた。ところが、数日経って地図を広げて唸ってしまった。

孫悟空なのである。雲に乗って大空を飛び回った悟空は、お釈迦様の手のひらから一歩も出ていなかったのである。私たちが歩いたビシュケクの街は、ビシュケクのほんの一握りの広さでしかなかったのであった。

街の賑わいから離れて行くにつれ、やがてマンションやアパートに代わってコンクリートや土塀造りの民家が、道路の左右に点々と続くようになる。そして農民の働く姿や牛馬の姿も見かけるようになる。牧歌的なこのような風景もビシュケクであったのだ。短絡的ですぐに結論を出したがる自分を恥ずかしく思った。

窓の下にはじけるような明るい子どもの声がした。声に誘われて台所の窓を少し開けた。三、四年生位の男の子と女の子が、アパートの入り口のコンクリートを相手に「けんけんパー」の遊びをしていた。足を閉じたり開いたりしながら、石の上をぴょんぴょんとマスを飛び越えて行く遊びである。女の子は上手にこなせるが、二人の男の子は何度挑戦してもうまくいかない。そのうち一人の男の子が邪魔を始めた。怒った女の子は男の子に向かって行った。男の子はその女の子を突き飛ばした。とうとう喧嘩になって女の子は逃げ出す。喚きながら追っかける男の子。遠い遠い昔の、子どもの頃を思い出した。どこの世界でも子どもは同じと微笑ましかった。

前回の七不思議の一つに、この街では子どもの姿を見なかったことがある。異国での生活に気持ちが奪われ気が付かなかったのかもしれない。ところが今回は、夕方になるとアパートの前の公園からはじけるような子どもの声が聞こえて来る。そしていつの間にか声は聞こえなくなる。家へ帰ったのである。♪夕焼け小焼けで日が暮れて〜♪と、懐かしい歌が浮かんで来る。

夏休みも終わり新学期（？）が始まったのか、朝八時近くなると学校に出かける子どもたちを見かけるようになった。リュックをつぶしたような鞄と決められているのであろうか。それを背に負い、黒の長ズボンに白いワイシャツ、襟の付いた黒っぽい上着。黒い皮の靴（？）を履いている。まるで小さな紳士である。バザールで母親と子どもを見かけたので、始業式だったのかなとそのときは思ったが、毎朝見かけるので私立の学校なのだろうと思った。

あるときヴラッド君に聞いてみたら、キルギスの小学生の制服だという。東京では、今は私立の学校で時々見かける光景である。

女の子の登校姿は目にできなかったが、ある日、街で綺麗なドレスを着た一〇歳位の女の子を見かけた。白い大きなリボンが頭上で揺れていた。淑女といった感じで、やはり市内だなあと思った。

暖かい日の夕方、公園で遊ぶ子どもたちの声に惹かれ、仲良しになりたいと思い手立てを考えた。考えた末パントマイムを思い付いた。♪大きな栗の木の下であなたとわたし〜♪と動作を付けながら子どもたちに歌を聞かせるのである。三、四年生位の子どもたちだから、きっと乗って来る。「昔取った杵柄《きねづか》」、自信はあった。子どもたちの群れに近寄ると、驚いたのか子どもたちは遊びを止めこちらを見た。おいでおいでと招いた。その様子をしばらく見ていた子どもたちは、いっせいに逃げ出してしまった。

成功間違いなしと思っていただけに、少々がっかりした。信頼されるまでには時間がかかりそうだ。もしかすると、この国にも「知らない人とは話をしてはいけません」という教えが浸透しているのかもしれない。

第2章

五周年剣道大会

キルギス対カザフスタン戦

参加者一同

弟子たちの来日

「水月クラブ」の名の下《もと》に仕事の合間に剣道に励んで来た弟子たちのうち三名が、二〇〇九年四月、一級の審査を受けるために来日した。一級の審査に合格していないと、初段の審査は受けることができない。彼らは、日々の努力の成果として昇段を希望している。しかし、一級の審査も、初段の審査も、現時点では日本で受けるのが確実で手っ取り早い方法であるらしい。

二〇〇四年夏、思いがけないことからキルギスの若者に剣道の指導を行なうことになった夫は、二〇〇八年に国際交流基金の剣道指導者として一ヵ月間再びキルギスで指導に当たり、帰国後もビデオや文通による指導を行なって来た。その成果を試すべく、彼ら三人の来日となったのである。一一日間の滞在期間中、時間の都合が付く限り一級審査のための練習を重ね、三人とも見事合格を果たした。このことは、ほかの弟子たちの刺激となり、会員の増加に繋がって来たようである。そのような気運の中で、五周年の大会が行なわれることになったのである。

大会一週間前から盛んに練習は行なわれたが、夫は、その間に大会の運営について言葉の問題もあって十分に納得できない点があるらしかった。日にちが迫る中で、夫はいささか焦りが出て来たようであったが、〈お国柄であろう。会の事情に踏み込んではいけない〉と自問自答し、気持ちを収めたようであった。

大会当日

九月五日（土）、ビシュケク市の郊外のサンシティの体育館にて創設五周年を祝う剣道大会が執り行なわれた。

広場の一番奥階段を上った所が会場で、私は、入るとすぐのエスカレーターに導かれ会場に入った。会場を見下ろすと、正面に三国（日本、キルギス、カザフスタン）の国旗が掲示され、身の引き締まる思いがした。見回すと、この会場は色々な運動関係の試合会場となるらしく、隅のほうに運動に必要ないろいろな設備が備え付けられていた。ヴラッド君の話では、経営は韓国大使館らしい。広く美しい会場であった。剣道の防具に身を包んだ二〇人ほどの若者のほか、周りの椅子には見学者がすでに腰を下ろしていた。

五周年の式典は一四時からであるが、一二時四五分から始まった。これは、この試合で勝者を絞り込み、式典行事で公開する三位決定戦や決勝戦へと持ち込むためである。驚いたことに、隣国カザフスタンから一〇名（そのうち一名欠場）もの参加者があり、キルギスの参加者と相対《あいたい》して会場の中央に整列した。試合は予定通り進行されて行った。

来賓席には、日本臨時代理大使飯塚裕一氏を始め、書記官の柴田勉氏、中野裕志氏、日本センター所長の濱野道博氏のお姿が見られた。そのほか二、三人の地元の来賓の方の姿も見られた。〈せっかくの土曜日なのに……〉と感謝の念が湧いて来る。来賓の姿を目の当たりにし、選手は一段と励みを感じたに違いない。

司会の指示で全員起立、やがて三つの国の国歌が演奏され、来賓各位の祝辞があった。

夫は、来賓への感謝と今日に至る経緯、今後の発展を願う挨拶をした。国際交流基金による居合の指導者として、三日前当地に来られた越谷市在住の渡辺守利氏も出席をされた。渡辺氏に出場いただいたことによって、行事の内容は一段と見ごたえのあるものになった。

キルギスの若者による勇壮な太鼓の響きの中で開幕となった。合気道から始まる。キルギスは運動が盛んで、若者はなんらかのスポーツをしていると聞いていたが、合気道もその一つであろう。大きい体なのに、身のこなしが軽いことに感心した。

続いて居合道の披露である。紺色の衣服に身を纏い、会場の真ん中に位置し、左右前後と真剣を構え、振りかざす渡辺氏の研《と》ぎ澄まされた妙技に、会場は音一つない。初めて目にした観客も、日本古来の武道の「なにか」に触れた思いであったであろう。

続く剣道では、渡辺氏と夫が二手に分かれ、弟子を相手に基本の打ち込み稽古を行なった。これは、日々の剣道の稽古の一場面のように思えた。その後、模範演技（？）を希望する声に応えて、渡辺氏（剣道七段）と夫（同じく七段）との立合《たちあい》の披露があった。

終盤に近付き今日のハイライトの一つ、三位決定戦と決勝戦となる。カザフスタン勝者三名とキルギス勝者一名の中から優勝者と二位、三位が決まって行く。勝者決定戦だけあって、真剣な雰囲

キルギス軍

気が会場に広がる。やがて勝敗は付き、優勝者はカザフスタン、二位キルギス、三位カザフスタンと結果が出た。

今回の試合では勝者にカップが授与された。来賓の机上に三個のカップがあったが、三つのカップは、飯塚裕一日本臨時代理大使が身銭《みぜに》で用意され、五周年大会を祝って贈ってくださったものであると、後になって知った。

閉会式での賞状とカップの授与は、盛大な拍手で盛り上がった。その後、参加者全員による記念写真が撮られていたが、私はここで退席した。屋外に出ると、道路に何箇所もの水溜りができていた。雨は少ないと言われているキルギスで、珍しく激しい雨が降ったようだ。周りの緑が何時《いつ》になく鮮やかに見えた。

文化交流へと

大会も無事終了して数日過ぎた頃、ある学校から子どもたちに剣道の話をして欲しいと依頼があった。

視覚を組み込んで話をしなければ、効果は期待できないと考えた夫は、防具を着け、竹刀を打ち振り、相手と竹刀を合わせるなどの動作を取り入れたようであった。

帰国の前日には、他校からの依頼もあり、教室いっぱいに小学校高学年から中学一、二年生の生徒の姿があったという。日本古来の武道が、これからの若者にどのように受け止められ、やがてどのような形になって育って行くのであろうか。

渡辺氏にも、居合道について講演の依頼があったようである。これらのことを通してみても、キルギスの子どもたちが、地球上に日本と言う国のあることと、そして国には国の文化があることを知ったことだけでも素晴らしいことであると思った。

第3章

山（峠）越え

出発間もなく見えた氷河に覆われた連山

地図④　キルギスの北部地域と南部地域（左下のアミの濃い部分が南部地域）

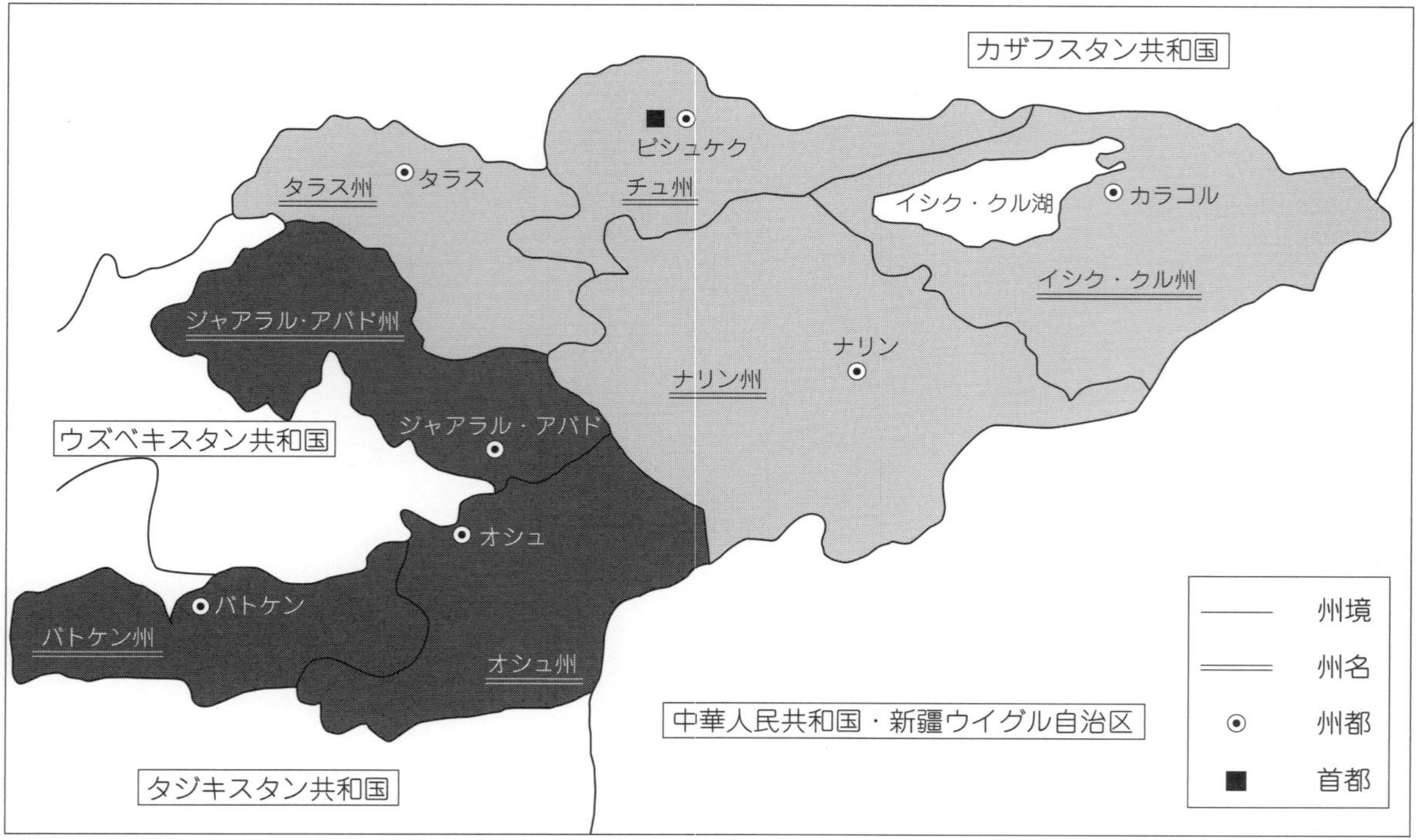

●キルギスの「南の首都」、オシュ

キルギスは私と相性がいいようである。今回の滞在では期待が持てなかったオシュ行きが可能になったのである。

キルギスは、国土の九四パーセントが海抜一〇〇〇メートル以上の山地であり、そのうちの四〇パーセントは三〇〇〇メートル以上の高山。さらにその七五パーセントは万年雪と氷河に覆われている山岳国であることは前出の拙著の中で述べた。

地図の上から山並みを見ると、①中国の国境を越えさらに西に走る天山山脈の支脈と、②世界の屋根と言われるパミール高原の一部が国を東西に走り、③

ほぼ中央に天山山脈の支脈があることで、国が北と南に大きく二分されていることが分かる。

キルギスを、北部地域（首都ビシュケク、チュ州、タラス州、イシク・クル州、ナリン州）、南部地域（オシュ州、ジャアラル・アバド州、バトケン州）に分けた地図④と地図⑤を見比べていただきたい。

この国の南部と北部は、それぞれ三千メートル級の山々に隔てられ、地理的に交流は困難であった。

北の首都ビシュケクに対して、オシュはキルギス第二の都市で「南の首都」とも呼ばれ、それぞれ別の文化、経済圏に属していた。

キルギス人とウズベク人の人口比率が拮抗しているというオシュは、その両者のコントラストが分かり、カラフルな民族色の違いが最も強く感じられるという。

地図⑤　キルギスの高度

m
4000
3000
2000
1000
0
42°N
40°N
km
0
100
200
68°E
70°E
72°E
74°E
76°E
78°E
80°E

私には、オシュバザールに行きたい、そこにはシルクロードの片鱗《へんりん》が見られるかもしれない、そんな願望もあった。それには、なんと言ってもオシュへの山越えをしなくては行けない。

前回の一ヵ月の滞在では思いがけなくイシク・クル湖一周の旅ができたのであったが、今回のオシュ行きも、チャンスの女神が微笑んでくれたのであった。

チャンスは、五年前に来日し、現在日本の大学で国費留学生として勉学に励んでいるセィテック君に関係がある。セィテック君はオシュ州の出身で、五年前にビシュケクで勉学中、夫から剣道を学んだのが交流の始まりであった。翌年来日し、勉学の傍ら剣道に励み、一級の審査から始めて、初段、二段と合格し、二〇〇九年の一一月の三段の審査に向け頑張っている青年である。練習の帰り、家に立ち寄り食事をすることもあり、私のことを「おかあさん！」と呼ぶほど親しくなっている。

そのセィテック君が、夏休みを利用して帰国するという。今まではビシュケクまでしか帰らなかった彼の、故郷オシュ州への帰省は、私にとって都合のよいことであった。それは、彼の同行が得られるからであった。彼の帰国の折、その度に私が「どうしてオシュに帰らないの？」と聞くと、「遠いから……」と言っていた。「飛行機で帰れば？」と聞くと、「航空運賃はかかり過ぎる」と言っていた。

同じ国内でありながら、簡単に行ける所ではないようだ、と私は理解した。それだけに私は、今回のオシュ行きに期待と好奇心が大きかった。

ビシュケクからジャアラル・アバドへ

①　約二〇時間のタクシー行程

オシュ州へはタクシーを使うと言う。国内線の飛行機が飛んでいるような遠隔地であるというのに、セイテック君は迷うことなくタクシーを選んだのである。

「長距離や急ぐときには、余程のことでもない限りタクシーは使わない」「それに料金も高く付く」、このことをタクシー利用の鉄則だと思っていた私は、セイテック君の対応に驚いた。支払いが気になったが、セイテック君に従うしかないと観念した。

出発の朝、セイテック君はタクシーを探しに出かけた。市内の道路で客待ちしているタクシーではないらしい。ビシュケクにあるオシュ・バザールの近くに、長距離専門のタクシーと運転手のたまり場があるらしい。運賃などについて、ここで直接交渉するのだと言う。セィテック君は、今までも、帰国の際アシアナ航空でソウルを経てカザフスタンのアルマートへ行き、アルマートからバスを使ってビシュケクに帰っていた。バス利用のノウハウを何度か聞かされていたので、口角泡を飛ばして運転手と交渉する彼の姿が想像でき、思わず笑ってしまった。

大通りにタクシーを待たせてあると、セィテック君が迎えに来た。日本で見るバンの形をした五人乗りの車の傍に、セィテック君のお母さんと弟、五歳位の女の子が待っていた。

女の子はセィテック君の姪である。オシュまでは二〇時間以上かかるはず。

大丈夫なのかなと要《い》らざる心配をする。初対面の挨拶を終えると、車は出発した。

『地球の歩き方』によると、オシュへの交通は、飛行機以外には乗り合いタクシーとミニバスがあるという。運転手たちが終日客を取り合っていて、相客が揃えば随時出発する。夜までにオシュに着くには早朝の出発が必要とあり、街道沿いの景色を観るためにも昼間の街道越えを勧めている。これであれば、街道沿いの風景を満喫できるらしい。

　相場は四人乗りで、料金は一人五〇〇ソム（日本円で約一八〇〇円）冬はその倍の料金のようである。十数人乗りのミニバスは一人二〇〇ソム（約七二〇円）と安いが、夕方や夜行専用らしく車窓からの展望は期待できないようである。

　車は九時に出発した。これから約二〇時間の走行。景色のいい所で駐車することになっている。景色を見るどころか、今夜中にオシュに着くことすら難しいのではないかと心配したが、〈信頼して任せるしかない〉と腹を決めた。

車は街中を滑るように走る。ビシュケク市を出たのではないかと思うが、どこまでも整った街並みと車の往来が続く。街並みが切れ始めたと思われた頃、車は食堂らしき店の前で止まった。朝食なのである。事《こと》を始める前に食事を済ます習慣の私たちは、一〇時を過ぎての朝食にちょっと驚いた。時間は大丈夫なのだろうか？　お願いした見学のための駐車のことは忘れてしまっているのじゃなかろうか？　との思いが頭を過《よぎ》る。

のんびりのんびりと朝食を済ませ、どうにか出発した。

② え⁉　あの高山をどうやって⁉

何時間ぐらい走っただろうか、遠く左手に氷河に覆われた連山が見えた。天山山脈の支流テルスケイ・アラ・トーなのだろうか。右手にも山々の遠くに氷河に覆われた山が見えた。辺りはいつの間にか平野になっていて枯れ草に覆われている。やがて車は渓谷に入った。いよいよ山（峠）越えである。

山越えは、前回のイシク・クル湖で経験したような凸凹《でこぼこ》の激しい悪路の連続であろうと想像していただけに、舗装された広い道路には驚かされた。

車はかなりのスピードで飛ばしている。高速道路だと言う。振動もなく快適

車は渓谷に入った。いよいよ山越えである

である。右を見ても左を見ても山また山。車の中からでは頂上は見えないので、木一本ない大きな岩の間を通っているように思える。

車のフロントや、振り向いて後ろの窓から見た山は驚くほどの高さで、折り重なるように山々が続いている。途中で右手の山が切れた。眼下を見ると、尖った山の頂上が幾つも並んでいる。その遠くに氷河に覆われた山の姿があった。

「あの山を越えるんですよ」と、助手席のセィテック君が遠くの山を指差して言った。

私は、山越えとか峠越えとか簡単に口にし、考えていたが、いったいどのようにして越えるのだろう、たくさんの山を目前にして改めて考えさせられた。

昔、谷川岳で山から山へと続く馬の背のような緑の尾根と、白い尾根道の美しさに感動したことがあるが、今回の山越えも、車であの高い山々の尾根を通って行くのだろうか？　三〇〇〇メートルを越える山々なのに……、それとも麓を巻いて行くのだろうか……？

まったく馬鹿な発想である。しかし私は真剣に考えたのである。

山々に挟まれたような道路はどこまでも舗装されていて、車が揺れることはない。対向車とすれ違うことのできる幅もある。このような道が延々と続く。案外と交通量はあり、山を越えているという感じはない。がたがたの山道を想像していただけに思いがけないことであった。

ソベット君（セイテック君の弟）によると、オシュ街道と言われているこの高速道路の街道は、日本政府からの借款《しゃっかん》で一〇年前完成したと言う。工事は、日本以外の国によって進められたと言う。

わが国とキルギスとの交流は、資料によると「キルギスの国家開発計画に対

地図⑥　山（峠）を越える道

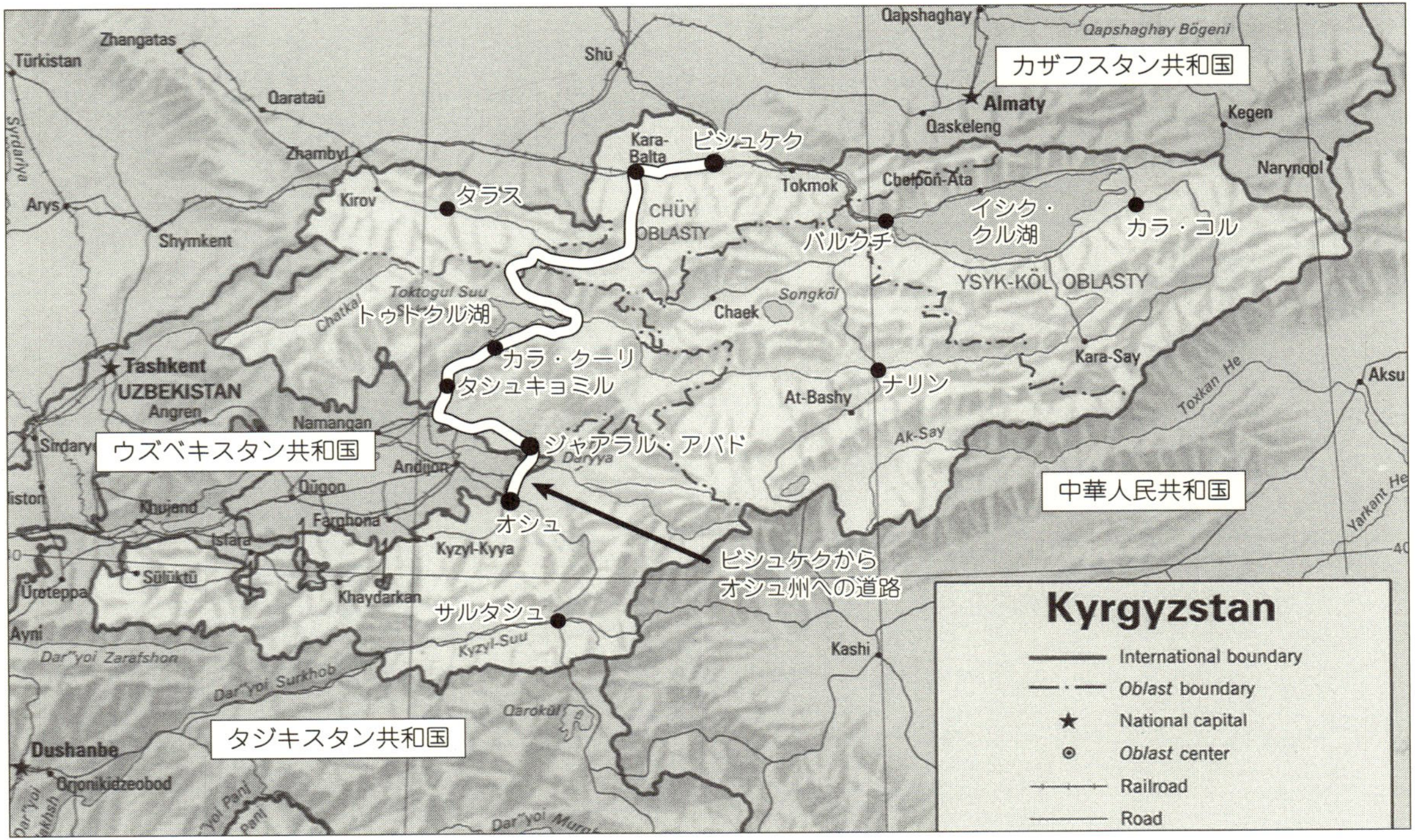
カザフスタン共和国
ウズベキスタン共和国
タジキスタン共和国
中華人民共和国
ビシュケク
タラス
トゥトクル湖
カラ・クーリ
タシュキョミル
ジャアラル・アバド
オシュ
サルタシュ
バルクチ
イシク・クル湖
カラ・コル
ナリン
ビシュケクから
オシュ州への道路
Kyrgyzstan
International boundary
Oblast boundary
National capital
Oblast center
Railroad
Road
Almaty
Tashkent
UZBEKISTAN
Dushanbe
Kara-Balta
Tokmok
Cholpon-Ata
CHÜY OBLASTY
YSYK-KÖL OBLASTY
Kirov
Shymkent
Zhambyl
Türkistan
Zhangatas
Qaratau
Arys
Shū
Qapshaghay
Qapshaghay Bögeni
Qaskeleng
Kegen
Narynqol
Toktogul Suu
Chatkal
Chaek
Songköl
Kara-Say
At-Bashy
Ak-Say
Toxkan He
Aksu
Yarkant He
Kashi
Angren
Namangan
Andijon
Darya
Sirdarya
Khujand
Farghona
Dŭgon
Isfara
Kyzyl-Kyya
Sülüktü
Ŭroteppa
Khaydarkan
Kyzyl-Suu
Ayni
Dar"yoi Zarafshon
Dar"yoi Surkhob
Qarokŭl
Orjonikidzeobod
Syrdarya

してわが国が援助」の方針を出していることによる。その内容を見ると、「研修員の受け入れ」「個別専門家派遣」「技術協力」「開発調査」「無償資金協力」「青年海外協力」「シニア海外ボランティアの派遣」「有償資金協力」などがある。九年ほど前、五年近くキルギスに赴任していた次男は、開発調査の仕事だったのではないだろうか。夫が二〇〇八年、国際交流基金による派遣でキルギスの青年に剣道を指導したのは、海外ボランティアの一環であったのである。資料によると、キルギスには二〇〇〇年一一月に青年海外協力隊（JOCV）・シニア海外ボランティア派遣が行なわれている。その中に、合気道がある。

五周年剣道大会で披露された合気道は、一〇年前に日本人指導者によって蒔かれた一粒の種が育った現在の姿ではないだろうか。無名の指導者の誠意、それを受け真摯に学ぶ若者、それを可能にする政策。未来への期待が無性にうれしかった。

新聞紙上で、よく見かける国際協力機構（ＪＩＣＡ・ジャイカ）やテレビでよく耳にする政府の発展途上国援助（ＯＤＡ）という言葉を耳にすると、疑問に近い考えは持ちながら、そのことについて深く知ろうと努力しない生活を反省させられた。

ソベット君の言う日本政府からの借款でこの道はできたということは、「有償資金協力」ということであろうか。全長七〇〇キロメートルと言われるこの大街道は、南北キルギスを結び付ける大動脈なのである。

③　やはり、危険な旅？

車が急に止められた。ほかの車の運転手が、私たちの車の運転手と話し始めた。私たちの車の運転手は、車から降り前に歩いて行く。

〈なんだろう……交通規制？　こんな所で止められるなんて……〉と、私はますます遅くなると思い不快になった。

セィテック君になんて言っているのか尋ねると、この先で車が横転していて中に人が閉じ込められていると答えた。私たちの車を止めた運転手は、後からやって来る車をも次々と止め、協力を頼んでいる。乗客は、降り立って遠くから様子を見ているしかない。車の片側に移動した大勢の男性のかけ声で、横転していた車は正常に戻った。そしてその後、手助けをした人たちは三々五々自分の車に戻り、何事もなかったように車は流れ出した。山越えする者の仁義であろうか。男気を見た思いであった。運転手の話によると、スピードを出し過ぎ岩山に衝突したらしい。運転していた若い学生の命には別状はなかったらしい。

山と山の間（峠）に沿って曲折した道が続く。車の中では感じられないが、かなり高い所まで登ったのであろうか、周りの景色が変わって来たように思えた。ここで一休み。トイレ休憩と言うがトイレなどない。

周りを見回すと、右手の山に向かって「く」の字のように登る坂道が山の頂上に続いている。右手は谷になっている。渓谷である。やがて車はトンネルに入った。長い長いトンネルである。三〇〇〇メートルあると言う。トンネルを出ると車は止まった。

トイレ休憩、この後トンネルへ

「ここは、オシュへの道の一番高い所です」と、セィテック君は言った。三〇〇〇メートル以上あるという。セィテック君の時計（高度計付）が、三〇〇五メートルを示していた。『地球の歩き方』に、テヨル・アシュー峠（三五八六メートル）があると書いてあったが、ここだろうか。見上げると、トンネルの出入り口のさらに上方に山の頂上があった。

　トンネルを前に運転手は、気分を新たにするために外気に触れて深呼吸（？）をしたのではないだろうか。やはり危険

オシュ街道で一番高い所にあるトンネル

な旅である。トンネルを出た所にはトイレがあった。

辺りは夕方のように薄暗く、寒い。車でなんの苦労もなく登って来たが、三〇〇〇メートル級の登山ともなればかなりの装備が必要である。

運転手はほっとしたのか、山に向かって煙草をふかし始めた。時計は一三時四八分を指していた。

④　峠越えのプログラム？

トンネルを抜けると展望が開けた。薄暗く寒々しいが、なんとなくほっとした気分になるのは高い山々に取り囲まれていないせいかもしれない。あちこちで草を食んでいる馬は、墨絵のようであった。

この先にまだ山脈があるらしい。『地球の歩き方』には、ここからアラベル峠（三一八四メートル）に至るまでの景観はこの街道の白眉であると紹介して

トンネルを抜けた所

スウ・サミイル・ジァイロ

いる。少々痛くなった腰を伸ばし、窓に張り付く。いつの間にか辺りは明るくなり、やがて日差しの中に広大な草原が広がった。東西一四〇キロメートル、南北二〇~四〇キロメートルと言われるスウ・サミイル・ジァイロである。一頭、二頭と馬や牛の姿が見える。時が止まっているかのような静寂の世界である。

草原の先には重なり合ったように山があり、遠くに氷河に覆われた山脈があった。山脈はまるで車と平行になって走っているように錯覚してしまう。

途中に集落があるのか、道の片側に小さな家が数軒集まって並んでいる。やがてユルタ（移動式住居）が点々と見えて来た。しばらく走った車は砂利の土手を滑り降り、枯れ草の中の一軒（?）のユルタに入った。

ユルタは、遊牧民が家畜を放牧する期間の住居で、求めに応じて自家製の馬乳酒や羊の焼肉を旅人に提供してくれる。

ユルタ

遊牧民と羊

ここで遅い昼食となった。

丸い形をした白いユルタは、思ったより広く八畳はあるかと思われる。部屋の中は色とりどりの模様を織り込んだ絨毯様の織物で囲まれ、真ん中に机が置かれている。隅には夜具が積み上げられている。

セィテック君の注文を聞いた女主人は、部屋の片隅にぶら下がっている皮の袋から、白い飲み物を搾り出した。

馬乳酒（クムズ）である。部屋の隅の狭い炊事場で何やらやっていると思った

ユルタの中

ら、皿に盛った肉を出した。羊の肉という。ほんの少し肉を食べてみた。いい味をしているのには感心した。

私と夫以外は馬乳酒を美味しそうに飲む。ソベット君は、ユルタの馬乳酒が一番美味しいという。馬乳酒はキルギスの気候に合った飲料なのであろうか、ビシュケク市内でもよく売られている。私と夫は帰国までとうとうなじめなかった飲み物であった。

珍しそうに部屋の中を見回していると、意外なものを目にした。発電機なのである。発電して、電気を点けているという。発電機を回転させるのは、なんと太陽熱である。中国のソーラーシステムで太陽熱を集める。これには皆感心させられた。

食事が終わっても、運転手はのんびりと子犬と遊んでいる。これで今日中にオシュに行けるのだろうか……と、またまた思ってしまった。

どうにか出発した。

午前中の厳しい峠越えを忘れさせるような穏やかな風景がしばらく続いた。運転手とセィテック君は相変わらずお喋りに余念がない。私には、会話の内容が少しも分からない。お腹は満腹。外を見ると草原が続き山並みが流れる。静かになったと思ったら居眠りが始まっていた。運転手も疲れただろうにと思いながら、私も眠ってしまった。期待の「アラベル峠越え」は、眠っているうちに通り過ぎてしまったのだろうか。

車は道路脇の食堂に駐車。ここで三度目の食事。これも欠かせない峠越えのプログラムなのであろうか。ここで腹ごしらえをしなければ明日の朝まで食事に有り付けないのでは？　と一瞬思ったが、私はギブアップであった。

車が再び出発するときには辺りは暗くなりかけていた。やがて景色も見えなくなり車は前進するのみ。そのうち再び睡魔が皆を襲った。どれほどの時間が過ぎたのであろうか。停車で下車する。紐でつるした幾つもの裸電球の下に商品が並んでいる。道路端に並んだ露店である。セィテック君とソベット君は大玉の西瓜《すいか》とフットボールほどの瓜を何個も買い、車の足元に運び込んだ。売り手も買い手も実にのんびりとしていて、子どもの頃の懐かしい夜店の世界を思い出してしまった。辺りは真っ暗である。会話は途絶え、車はスピードを上げ始めたように思えた。

どこかの街の中であろうか、車窓から家々の明かりが見え始めた。オシュまであと何時間かかるのか、問う元気もなく、夕飯は終えているしと、信じて任せるしかなかった。

大変な所へ来たものだ。セィテック君がオシュへ帰省しないわけが分かった。それやこれやと考えていると、セィテック君が頻繁に携帯電話をかけ始めた。キルギス語なので内容は分からない。

そのうち、車が脇道に入った。ガタガタの道なのですぐに分かった。

「こりゃすごい！」と思った瞬間、停車した。

こんどは何事？　と思った瞬間、「着きましたよ！」というセイテック君の声。家に到着したのであった。

ここはオシュではなくジャアラル・アバドであった。セイテック君の郷里は、オシュ州ではなくジャアラル・アバド州であったのである。

時計は二三時を過ぎていた。ビシュケクから一四時間かかった峠越えの旅であった。オシュ出身の運転手は、これからオシュへ帰るという。さらに三時間はかかるらしい。峠越えは危険な上に時間のかかる大変な仕事である。

ジャアラル・アバド州からオシュ州へ

① 車で四〇分が、三時間半の理由

ジャアラル・アバドは大きな街である。セィテック君の実家の周りには、アパートやマンションといった高層の住宅や建物はあまり見られない。塀で囲んだ住宅はかなりの広さがあり、幾棟かの住居に両親親子を始め、所帯を持った兄弟姉妹も集まって住んでいるようである。

『地球の歩き方』には、南と北とでは文化、習慣に違いがあるとあったが、こんなこともその一つであろうか。セィテック君の家でも現在、両親始めセィテック君の妹夫妻とその子ども。もう一人の妹さんの子ども、甥が広い塀の中の住まいで生活している。私たちが到着した日、遅かったにも拘らず家族全員で

笑顔で迎えてくださった。庭いっぱいに打ち水がしてあり、細かい心配りに感心させられた。これもビシュケクに見られない接待であった。

翌日は、一日かけてのオシュ州の見学である。オシュでの目玉はバザール見学である。『地球の歩き方』では、スレイマン山を取り上げているが、あまり関心はない。車をチャーターするため、八時半頃セィテック君が出かけた。九時頃の出発らしい。

オシュには、セィテック君、ソベット君の兄弟と私たちの四人で出かける。車が進むほど、車窓から見えるジャアラル・アバドの街は賑わい、人や車の動きは激しくなる。賑わう一角で下車させられ、待っているようにと指示された。

セィテック君が人ごみの中に入って行く。しばらくして手招きがあった。これに乗るようにとサインが出た。ここでオシュ行きの車を探し運賃などの交渉が成り立てば、オシュ行きの車がチャーターできたというわけである。

朝、セィテック君が探して来た車は、この地点まで行く車であったわけである。ビシュケクからオシュまでの長距離タクシーも、このようにして探したわけである。郷に入れば郷に従えという言葉があるが、いつの頃からの生活の知恵であろうか。車以外に足の便のない国である。車が生活に入って来た早い時期に、理屈なしに取り入れられたのではなかろうか。

ジャアラル・アバド州からオシュ州までの行程は、かつては車で四〇分位で行けていたのに、ソ連崩壊後は三時間半位かかるようになったという。それは、地図で分かるように、ジャアラル・アバド州、オシュ州間に隣国ウズベキスタンの領土（フェルガナ盆地）が入り込んでいるためである。かつては、ウズベキスタンの領土（フェルガナ盆地）を縦断するような直線で行けていたものが、国境を巡る迂回路となったためである。

この区間にも新しく道が設けられたのである。先の日本の国土交通省の計画（キルギスのアジアハイウェイ路線）によって建設されたのである。新設された道路は、ここまでの道路に比べ、振動が少ないように感じた。有名なフェルガナ盆地を見たいと右車窓を遠望したが、草原が続くばかりで国境を表わすものは何

図⑦　ジャアラル・アバド州からオシュ州への道路

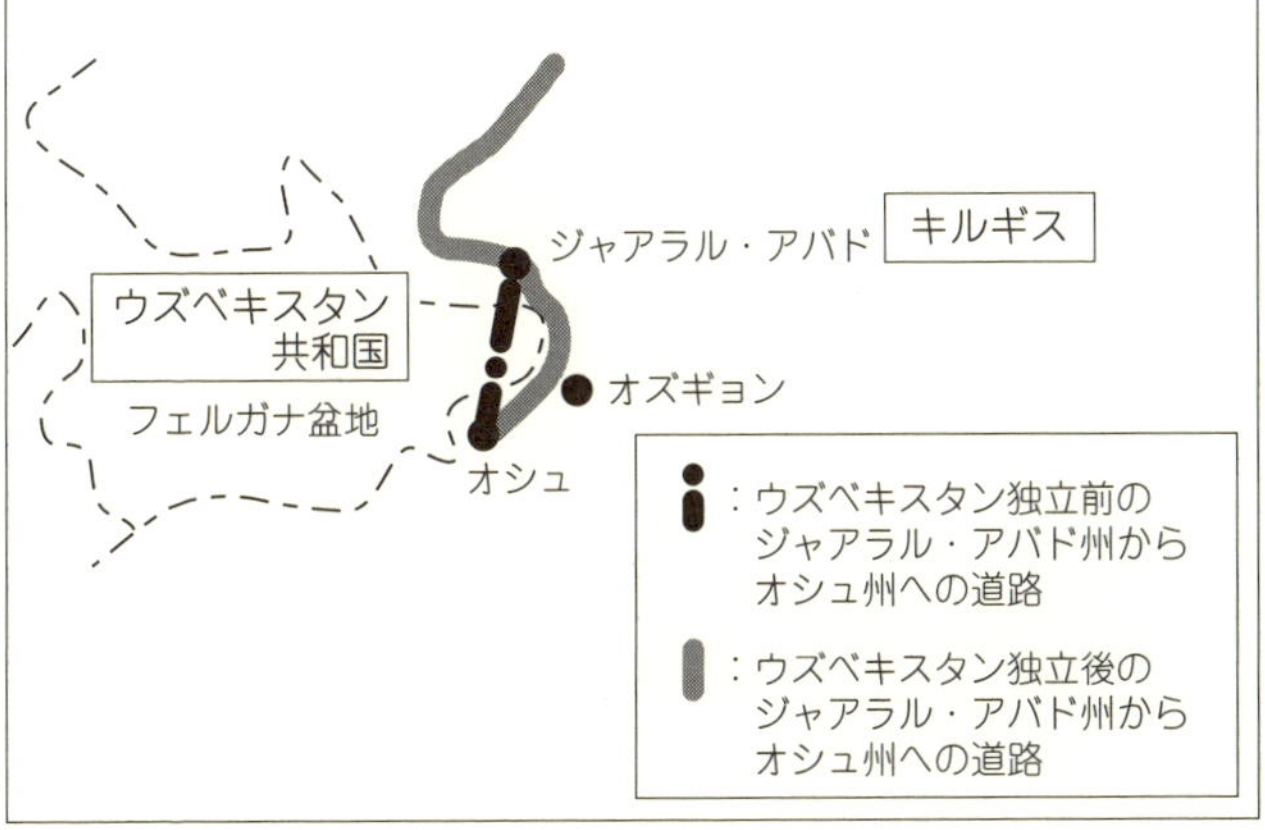

も見付けることができなかった。

②　霊山スレイマン登山

いつの間にか、車は賑やかな通りに入っていた。オシュ州は、キルギス第二の都市で「南の首都」と言われている。オアシス都市としての起源は三〇〇〇年以上あると言われる。

町の中心は、昔も今も、町の象徴であり、聖地とも言われるスレイマン山であるという。

スレイマン山は、二〇〇八年世界遺産

町の中心スレイマン山と大シルクロード博物館

として認定され、今や世界的にも有名になった。

車は、山の麓に近い道路端で乗り捨て、セィテック君の高校時代の友人を待った。その友人は、現在小児科医としてこの地で活躍している青年医師である。

スレイマン山が世界遺産に認定され、山の周りは観光に備えてであろうか、整地中でショベルカーが引っ切りなしに地面を掘り起こしていた。足場が悪く雑然としているが、次回来ることがあったら変わりように驚くことになるのではなかろうか。

私たちは、小さな川の流れに橋を渡した縁台の屋台のような店で食事をした。頭上は木の枝が這っていて、その葉の間から差し込む木漏れ日が心地よい。

ここでも主食は粉を焼いたナンで、そこに焼肉と馬乳酒が並ぶ。

ビシュケクでも、オシュのような木陰に椅子が並べられた開放的な雰囲気のチャイハナ（お茶を飲みながら一休みする、喫茶店のような所）を良く見かけたが、枠の中に納まった開放感という感じが否めなかった。それに比べると、オシュは限りなく拘束がない。そんな感じさえする。

食後、大シルクロード博物館に入った。オシュの中心スレイマン山を背景にして建てられた建物で、この二つを組み合わせた写真はガイドブックなどでよく

開放的な雰囲気のチャイハナ

見かける。この博物館は、オシュ州の歴史民族博物館で、南部各地の民族衣装や産業を知ることができると言われている。

見本を前にしての織物の説明はよく分かり、いい勉強になった。驚いたことに、柱に固定したケースの中に、マナスチ（語り部）の生前の大きな写真を目にしたのである。キルギスに伝わる英雄マナス王家三代の武勇伝は、マナスチによって語り継がれて来たことは知っていたが、南部でマナスチの実在写真に会えるとは。

いよいよスレイマン山に登る。町の象徴と言われるが、スレイマン山には今一つ関心が湧かない。山の形があまり好きでない。

〈世界遺産になった山であり、ここまで来て登らないときっと後で悔いるであろう〉、その程度の気持ちで山に登ることにした。車で山腹まで行くと言う。

世界遺産「スレイマン山」。登山の途中で

登山口まで山と並ぶように進んで行く。と驚いたことに大シルクロード博物館の真後ろに一つの山のように聳え立っていた山の形が変わって来るのである。木立の向こうに巨大な水牛か巨大な象が寝そべっているような、ごつごつとした岩肌の山が三山も四山も繋がって流れている。壮観である。車は狭い出入り口から山に登り始めた。

町の象徴であり、聖地であるスレイマン山は、本来、土着の民間信仰の場であったらしい。『地球の歩き方』には、「今では預言者スレイマン（聖書でのソロモン王）ゆかりの山となっている。呼び名も、かつてのアラブ語『美しい山』から、『スレイマン山』（キルギス、ロシア）、『スレイマンの玉座』（タジキスタン、ウズベキスタン）などさまざま」、とある。

さらに「この山が預言者スレイマンの霊山となった経緯には数多くの伝承があり、いまだ謎が多い」とある。が、「中腹には預言者由来の聖地が数ヵ所あって、いずれも巡礼すれば、傷病が治ったり子宝が授かるなど現世的なご利益があると信じられている」ともある。

下から想像したほど険しい山ではなく、階段状になっているので登りやすい。しかし、強い日差しには閉口した。九月に入って間もなくとは言え真夏の暑さなのである。

セィテック君が、「オシュの気候は、ビシュケクより五三日遅れていると言われている」と不思議なことを言う。確かにこの暑さは、前回経験した炒《い》り付くようなビシュケクの暑さと同じである。今年は一ヵ月遅れでのキルギス訪問であるのだから、ビシュケクの前回の暑さがここオシュにあってもおかしくないわけである。

かなり登った所で眼下を見下ろすと、オシュの市街が広がる。スレイマン山からの展望は、山を境に北側に旧市街が見える。地図上では、数ヵ所のモスクを目にする。これらのモスクは、一七世紀から二〇世紀のものであるという。オシユバザールも北側にある。

『地球の歩き方』によると、新市街と言われている南側は、帝政ロシア時代の新市街であり、南側にロシア系住民が多いことが当時の名残であろうか、南北の違いはあまりないとある。

スレイマン山の中腹からの展望は、高層建築はないと言ってもいいほどで、木

オシュ市街の眺望

立の中に並ぶ家々は健在で幸せそうにみえた。広々とした素晴らしい眺めであった。

③　オズギョンへ

木一本ないスレイマン山の岩肌は荒々しく、茶色の硬い粘土の塊をパサッパサッと投げ付けて積み上げたような山に思えてならなかった。山の中腹の洞窟の一つが文化史博物館になっていて、斜面の洞窟などから発見された石器などが展示されているらしく人々の列が続いてい

スレイマン山の入り口

た。

期待したオシュバザールの見学であったが、人の波に押され納得のいくまで見学できなかった。目にした果物売り場は、ビシュケクやイシク・クルで立ち寄ったバザールとは違って整然としているように思えた。シルクロードの先入観のせいかもしれない。

ジャアラル・アバドへの帰途、オズギョンへ立ち寄った。

オズギョンは、一一世紀～一三世紀のカラハーン朝の古都の跡にできた小さな町で、ここには現在も、カラハーン朝一一世紀末に建立されたと言われるミナレット（尖塔《せんとう》）と、霊廟が現存している。

車を降りると、目の前に見上げるほど高い塔が建っている。ミナレットである。前回バラサグン遺跡で見たブラナの塔と同じ姿の塔で、ここカラハーンのミナレットは頭部がきちんと付いている。

かつては四五メートル位あったらしいが、地震により上部が倒壊し、一九二三年に修築され、現在の灯台型の頭部となったという。ブラナの塔も地震で崩壊している。私は、ブラナの塔でのやっとの思いで登り下りした経験があるので、ここカラハーンのミナレットには夫とセィテック君が登った。

真っ暗な階段を登ったと言う。脇に手すりがあったことは、私の経験したブラナの塔とは違っている。あの時のブラナの塔の恐怖が思い出された。

オシュから北東へ六八キロと言われているこの地は、九世紀～一〇世紀当時、北（遊牧トルコ世界）と南（定住イラン・イスラーム世界）の境界であり、イラン系サマーン朝の下で辺境の交易センターとして発展していた。一一世紀初めにトルコ系の遊牧国家カラハーン朝が南下し、サマーン朝を滅ぼし、フェルガナ地方の都として行政の中心となった。

ミナレット

ミナレットの少し先に、霊廟の甍《いらか》が綺麗に並んで見えた。「北廟」「中の廟」「南廟」の三つのようである。建築年代が異なり「中の廟」が最も古いという。一一世紀初めの建築と言われている。時間の関係で霊廟の見学はできなかった。

夕暮れの道を、ジャアラル・アバド州へと急いだ。三時間あまりの道のりである。

ジャアラル・アバド州からビシュケクへ

① ユルタに住む人たち

早朝に出かけたソベット君が、ビシュケクまでの四人乗りの長距離タクシーをチャーターして帰って来た。今日は、三日振りにビシュケクのアパートに戻る。

セィテック君の家の皆さんに送られて、ジャアラル・アバドを後にした。また山を越える長距離の旅である。旅仲間は、セィテック君の弟のソベット君と私たちの三人。

暑いほどの日差しの中を、車は風を切って走る。車の窓越しに辺りの風景を見るが、全然見覚えがない。考えてみると、往路（オシュへの道）ではこの辺り

穏やかな風景のオシュ街道

は夜の闇の中だったわけで見覚えのないのは当たり前。車はチャイハナの前で止まる。

山登りの腹ごしらえの朝食後、車は長距離の軌道に入った。

遠くに連山の姿が見えて来たなと、ぼんやり眺めているうちに山は車道に迫り、車はいつの間にか山に挟まれていた。トンネルを抜ける。しかも二つもである。オシュへの往路では、テョル・アシュー峠の外にはトンネルはなかった。とすると、この辺りですでに暗くなっていたのだろうか、それとも寝ていたのだろうか。この一帯の風景は、初めて目にするものであった。山登りはゆったりとしているが、下りは体が幾分前かがみになるためかスピード感がある。

変化の多い高速道路である。やがて辺りは穏やかな風景となり、車道から離れた連山の裾を取り巻くかのように緑色の木立が並び、車道の近くにはすすきに似た枯れ草が揺れている。集落があるらしく、民家の屋根も見える。ぽつんぽつんと、道沿いに商店らしき家も見られる。人の住めそうにない山岳を過ぎて目にしたこの風景には驚かされた。学校は？　病院は？　と考えさせられた。

こんな小さな町からでも、トルコの大学院で勉学中の学生が出ていると、ソベット君は語った。不自由、貧しさがエネルギーの根源になっているとも、彼は言った。

遠くに連山が続き、その手前には低い山々が重なり合っていて、なだらかな山の斜面には多くの牛や馬が放し飼いにされ、のんびりと草を食《は》んでいる。右を見ても、左を見ても、その風景が目に入る。ユルタも点在している。

車は、オシュ街道の白眉と言われている二つの峠の間の草原地帯に入っている。やがて車は、ユルタの前で止まった。昼食の交渉に行った運転手が、早々と戻って来る。断られたらしい。車を再び発進させほかのユルタへ。オーケーの合図があり、ユルタの中に入る。

工夫を凝らした織りや配色の良い絨毯を巡らした感じのよいユルタで、主婦と一〇歳位の男の子がいた。ソベット君によると、今の時期になると放牧を終え、牛や馬を引き上げて行くと言う。最初のユルタで断られたのは、店じまいのためであった。

色とりどりの織り物に囲まれた美しい室内

話によると、ユルタに住む人たちは放牧のため、四月から五月にかけて村や町から遠く離れたこの草原にやって来るという。たくさんの家畜を連れ、歩いての移動である。二、三日はかかるため、昼夜とおしての行動となることもあるらしい。

家畜に、春夏の間豊富な草を十分に食べさせ、九月になると気候が大きく変わる前にこれらの家畜を連れ帰る。その間の約半年近くは、ユルタで生活することになる。ユルタで出される馬乳酒は自家製であり、羊の焼肉の味もユルタごとに違うらしい。

一〇歳位の男の子が、私たちにかいがいしく馬乳酒を運んでくれる。学校はどうなっているのか母親に尋ねてみた。ソベット君の話によると、新学期はすでに始まっているが、「間もなく村へ帰る」と報告し、学校の許可を得ていると言う。

家畜の移動も、近頃では車を使っての往復運搬も見られるようになり、連れられて来た家畜を、約半年の放牧期間中預かるユルタもあるらしい。

②　得がたい経験となった山（峠）越え

草原の彼方にはこげ茶色や濃い緑色の山々が幾重にも重なり、その頭上を白い雲がもくもくと流れ、その上を透き通るような蒼さの空が広がる。こんなゆったりとした風景を見ると、日常の喧騒など忘れてしまう。

異界を思わせる山並み

ふと目を移すと、いつの間にか車はがっしりとしたガードレールに沿って走っている。それも切れ目なく続いている。ガードレールの下は断崖のようだ。車は山の下りである。すごいスピードを体感する。裸の高い山が目の前に見えた。思わず目を瞑ってしまう。

ハンドルは左に切られ、続いて右に切られた。運転手の真剣さが伝わって来る。同じような緊張が何度あっただろうか。険しい上に極端なカーブのある山

山の下り道

道の下りは運転技能以外に度胸もいる。命がけの仕事だと思う。対向車が登って来る。往路（オシュへの）では山道を登っているといった感じはなかったが、上から見る対向車は重そうに喘《あえ》いでいるように見える。山（峠）越えは、上り下りとも大変神経を遣う上に、この街道は六〇〇キロメートル（ジャアラル・アバド―ビシュケク間）という長距離であり、緊張が続くのである。

冬季になると通行が困難となり、閉鎖されることもあるらしいが、納得できる。

大岩の塊のような山と山の谷間を走る道は、ときにはなだらかとなる。塊の大きさや形の違いは当然のことであるが、塊ごとに岩肌が異なり色が違う。色の異なる山並みは異界を思わせる。やがて岩山の彼方に真っ白な山並みが見え、その手前に真っ青な水を湛えた美しい湖（後でセィテック君に聞くと、貯水池であると言う。それにしても広大であった）が見えた。ヴァザール・コルゴン貯水池である。これもまた異界を思わせるような美しさである。

　美しい貯水池は山の後ろに見え隠れし、車の進行につれて白い山と貯水池の全容を見ることができる。

　ソベット君の話によると、真っ白な山並みは氷河ではないらしい。特殊な岩石の山なのだろうか？　貯水池の水の色と関係があるのではなかろうか？　それにしても、神秘さを秘めた美しい山並みと

車の両側にせまる山

貯水池である。

道の両側にまたまた山が迫って来た。大岩の塊のような山々は、二日前のオシュへの往路で目にしたのであるが、よく見ると、車の窓から見える山々の裾は崩れ落ちた砂岩に囲まれている山の多いことに気が付いた。日本の富士山の五合目、御中道《おちゅうどう》で見た砂岩の流れ（砂走り）を思い出させる。

車は快適に山道を下る。窓から見る山々は、往路とはまったく違う景観であった。いつの間にか山はなだらかな丘陵

よく見ると山々の裾は崩れ落ちていた

となり、その彼方に起伏のある氷河に覆われた連山が見えて来た。キルギス・アラ・トーであろうか。ビシュケクはもう近い。期待の山（峠）越えは興奮の連続のうちに終わった。

キルギス再訪問は、すべての予定を成功裡のうちに終えることができた。私にとって、山（峠）越えは人生で得がたい経験であった。

オシュの中心のスレイマン山は世界遺産となった。これからは、多くの観光客

キルギス・アラ・トー、ビシュケクはもう近い

が押し寄せて来ると思われる。そのことを思ったとき、空からではなく、ぜひ山（峠）越えを観光コースに入れて欲しい。オシュの素晴らしさは、山（峠）越えから始まる、と思えてならない。

第４章

日本人墓地のこと

—隣国ウズベキスタンにて

ウズベキスタン各地に埋葬されている旧日本軍兵士の数を刻した碑の前で

ナヴォイ・オペラ・バレエ劇場

日本からキルギスを訪れるには、往路も帰路もウズベキスタンのタシュケント空港での乗り継ぎが必要である。タシュケントでは一〇時間の待ち時間となる。空港待合室での一〇時間待ちはあまりにも長過ぎる。そこで、首都タシュケントの市内見学に当てることにした。限られた時間の中で記憶に残る素晴らしい見学となったが、ここでは日本と関わりのある事柄についてのみ記述することにした。

タシュケントの日本人墓地

まず第一の希望は、現地の日本人墓地表敬墓参であった。見学時間の関係で前回は叶わなかったため、今回はなにがなんでもとの思いがあった。

私がタシュケントの日本人墓地に関心を持ったのは、前回の二〇〇八年に参加した「シルクロード雑学大学」主催の「キルギス　イシククル湖を周り日本人の足跡をめぐる旅」で知り合った新潟県新発田市在住の宮野《みやの》泰《やすし》さん（八一歳）から聞いた、敗戦間もない頃の旧日本人兵士の存在を知ってからである。

宮野さんは、一九四六（昭二一）年〜一九四八（昭二三）年にかけて、旧日本兵捕虜としてキルギスのタムガ村にて旧ソ連高級将校用の療養所の建設に従事させられた人である。

宮野さんによると、敗戦当時、旧日本兵捕虜はソ連軍の収容所に入れられ、その後シベリア鉄道で一ヵ月の移動の後下車した所が、ウズベキスタンの首都タシュケントであったと言う。千人を超える捕虜たちはここで半月を過ごし、再び移動命令があり、ここで宮野さんたち一二五名の捕虜は分離されキルギスのタムガに送られた。宮野さんたち一二五名は、その後全員生還している。残りの九〇〇〇人近くの日本人捕虜はどうなったのだろうか。このことは私の頭から離れないことの一つであった。

車は町中を過ぎ、やがて町外れらしい閑静な所へ、市の南西ヤッカサライ通りにある「ムスリム」（ヤッカサライ）墓地である。広い墓地の中を車は進み、一番奥の左手の一角に日本人墓地はあった。墓地の入り口近くに「一九四〇年代ウズベキスタンで生活した日本人の記録」を展示する資料館があるが、改装の

タシュケント日本人墓地に眠る七九名の墓

ため休館だったのは大変残念であった。

閑静な広い敷地の中には、地面に埋め込まれた多数の白いプレートが整然と並んでいる。『地球の歩き方』によると、この墓地には第二次世界大戦でソ連の捕虜となった七九名の日本人が眠るとある。墓地の裏手を取り囲む壁のように、白い碑が建ち並び、「鎮魂」と刻された碑の一つ一つにウズベキスタンの各地で亡くなり埋葬された人の数が刻されていた。

- コーカンド　二四〇名
- カガン　一五三名
- ベガワート　一四六名
- フエルガナ　二名
- アングレン　一三三名

・タシュケント

ヤッカサライ墓地　七九名

タシケント地区墓地　八名

などと刻《こく》してあり、その近くに、各地方の方角を指すように大理石の白い礎が建てられている。離れた一角には、埋葬者の氏名、出身地を刻した碑もあり、それにはまだ新しい千羽鶴が供えられていた。この「ムスリム」（ヤッカサライ）墓地に眠る七九名の旧日本軍兵士の出身地は、北海道から九州にわたっている。故人の遺族や知人の方が、戦後六〇年以上過ぎた今日でも、墓参されているように思われた。

墓地内に建立されていた「永遠の平和と友好の誓いの碑」に、

「ムスリム」（ヤッカサライ）墓地に眠る、碑に刻された
79名の兵士の名前と出身地

第二次世界大戦終結五十周年記念にウズベキスタン共和国内日本人墓地の
鎮魂の碑を日本とウズベキスタンの協力により建立する

一九九五年十月十日

日本ウズベキスタン友好議員連盟
福島県ウズベキスタン文化経済交流協会
ウズベキスタン国際文化教育交流国民協会

と記されている。

土地の人らしき女性が三人、墓地の清掃をしていた。大事に維持されていて、有り難いことである。

帰国後、中山恭子氏（一九九九年七月〜二〇〇二年九月時駐ウズベキスタン共和国特命全権大使）著『ウズベキスタンの桜』で次のことを知ることができた。

「ウズベキスタンでは、日本人が働いていた様子が各地で伝えられています。極東から強制的に連れてこられた二万五千人の日本人は、ウズベキスタン全域で強制労働に従事しました」

「アングレン市の市史には、『第二次世界大戦後、この地にやってきた日本人戦争捕虜は、町の建築・整備に大きな貢献をした。彼らと一緒に働いた者達はその勤勉さと几帳面さをいまだに覚えているくらいである。（後略）』」

「どの地方を訪れてましても、日本人が働いていた様子が語り継がれており、日本人は勤勉だった、規律正しい人達だ、嘘をつかない人々だったと教えてくれます」

と記されている。日本人捕虜についてこのような評価や賞賛の声は、隣国キルギスのタムガでも言い伝えられていた。当時の日本人の若者のすばらしさを知ると共に、現在の日本人はどうであろうかと考えさせられた。

中山恭子氏が、特命全権大使として在任中、ウズベキスタン共和国のご厚意と、中山恭子氏のお骨折りによって、ウズベキスタンのそれぞれの地域に日本人の捕虜を祀る墓所が造られたことを知った。

私の訪れたタシュケントのムスリム墓地は、その一つであったのである。

●ナヴォイ・オペラ・バレエ劇場

ナヴォイ・オペラ・バレエ劇場は、旧日本兵捕虜の強制労働で造られた建物の一つ。一九四七年に完成した一五〇〇人もの観客を収容できる大きな劇場で、がっしりとした美しい劇場である。

周囲を巡ると、側面に銅製（?）のプレートが埋め込まれていて、

「１９４５年から１９４６年にかけて
極東から強制移送された
数百名の日本国民が、
このアリシェル・ナヴォイー名称劇場の
建設に参加し、その完成に貢献した。」

劇場の外壁に刻まれている日本兵捕虜への感謝の辞

1945-46 YILLARDA UZOQ SHARQDAN DEPORTATSIYA
QILINGAN YUZLAB YAPON FUQAROLARI
ALISHER NAVOIY NOMIDAGI TEATR BINOSINING
QURILISHIGA OZ HISSALARINI QOSHGANLAR.
1945年から1946年にかけて
極東から強制移送された
数百名の日本国民が、
このアリシェル・ナヴォイー名称劇場の
建設に参加し、その完成に貢献した。
IN 1945-46 HUNDREDS OF JAPANEZE CITIZENS
DEPORTED FROM FAR EAST TOOK ACTIVE PART
IN THE CONSTRUCTION OF ALISHER NAVOI THEATRE.
В 1945-46 Г.Г. СОТНИ ЯПОНСКИХ ГРАЖДАН,
ДЕПОРТИРОВАННЫХ С ДАЛЬНЕГО ВОСТОКА,
ВНЕСЛИ СВОЙ ВКЛАД В СТРОИТЕЛЬСТВО ЗДАНИЯ
ТЕАТРА ИМЕНИ АЛИШЕРА НАВОИ.

とあった。

日本人が建てたこの劇場は、地震でもびくともしなかったと賞賛されているらしい。

劇場は休みであったのだが、中に入らせてもらえた。日本人は内装には関係していないらしい。重厚な建物の内部は落ち着いた内装で、劇場の誇る有名な六つの休憩ロビーのタイルのレリーフを見学することができた。

オアシス都市として二〇〇〇年以上の歴史を持つタシュケントは、一一世紀頃はシルクロードの中継点として栄えた。

オシュのバザール見学に満足していなかったので、タシュケントのチョイス・バザールの見学をした。バザールは旧市内にあり、「オールド・バザール」と呼ばれているらしい。前回も見学したが、昔ながらの賑わいのあるバザールと聞いて再度見学したわけである。

目の前に、球場の屋根を思わせるような大きな建物が聳え建っていた。チョイス・バザールである。入り口は白いアーケイドが手を繋いだように並び、はっとさせられる大胆なデザインである。

これは屋内バザールであり、このバザールを取り巻くように周りに各種の商品を並べた店々がある。屋内バザールに入ってみた。色とりどりの香辛料が並び、ドライフルーツやチーズなどが見られた。土産にとチーズの塊を求めた。塊と

オールド・バザール

いうに相応《ふさわ》しいほど大きい品なのである。店内の一段高い所にチャイハナがあって、たくさんの客で賑わっていた。

ウズベキスタンのバザールには、シルクロード時代の面影があると、なにかで読んだ記憶がある。それはなんなのか分からないが、整然と並べられたたくさんの商品と、人々の動きに、今まで感じていたバザールに対する認識が一変したことは確かである。

オールド・バザールの外の売り場

あとがき

長きにわたって山々には、教えられ、癒され、時には畏敬の念にかられ、親しんで来た。そのような山であったが、今回の山（峠）越えは、その思いを塗り替えられるほど強烈であった。

今も目を閉じると、あの山々が次から次に瞼に迫って来る。自然の威力を突き付けられた、そんな思いである。それだけに猛々《たけだけ》しい山並みの後に目の前に広がった広大なスウ・サミイル・ジァイロは穏やかで、自然の温かさ、包容力すら感じさせられた。地球の偉大さを目の当たりにしたと言えば大げさ過ぎるであろうか。

一昨年の「キルギス　イシククル湖を周り日本人の足跡をめぐる旅」の折、

日本人捕虜の関わった作業場を知るために、湖を取り巻く三〇〇〇キロメートル以上の山に向かって自動車を走らせた。三、四〇〇〇キロメートル級の高山をパス（越える）する道が随所にあることを知ったのはこのときである。作業場への道は石ころの多い狭い道であったが、確かに山の上へと通じていた。

〈オシュへの道は、あの時のような石ころだらけの悪路が延々と続く……〉

そんな先入観があっただけに、道がハイウエイであったのにはまったく驚いてしまった。全長七〇〇キロメートルという距離は、東京から岡山辺りであろうか。今回の山越えは、距離そのものもさることながら高度への挑戦、緊張への挑戦が伴うダイナミックなものであった。


帰途、乗り継ぎのために立ち寄ったウズベキスタンで、同国には全土にわたって日本人捕虜が葬られていることを知った。ウズベキスタンは、日本国に好意的であり、友好関係にあるということも今回の旅で知ることができた。中央アジアの国々は、近いのに確かに遠い国々である。日本人は中央アジアについて知らな過ぎるのではなかろうか。

今回訪れたキルギスには、青年海外協力隊によって蒔《ま》かれた種が、一〇年経た今も若者の中で育ち続けていることを目にした。何かを学び取ろうと励む若者達が異国の地にもたくさんいる。これら若者たちと共存共栄することの大切さを強く感じた旅でもあった。

ウズベキスタンの首都タシュケントの各所に合計千四百本の桜の木が植えられているという。この桜は、望郷の念に駆られながら異国の地で亡くなった二十代、三十代の若者の霊を慰めたいと当時のウズベキスタン共和国特命全権大使中山恭子氏が先頭に立って遂行した事業である。植樹から今年で八年になる。桜は、十年、二十年後には美しい花を咲かせるという。若い木にやがて満開の花が咲くように、日本国と中央アジアの国々との友好が深まって行くことを願っている。

二〇一〇年二月

小山　矩子

【参考文献・参考資料】（五〇音順）

『ウズベキスタンの桜』（中山恭子著、KTC中央出版、二〇〇五年）
『シルクロードの中継点　ウズベキスタン滞在記』（矢嶋和江著、早稲田出版、二〇〇九年）
『地球の歩き方　シルクロードと中央アジアの国々　2005―2006年版』（「地球の歩き方」編集室編、ダイヤモンド・ビッグ社、二〇〇五年改訂版）
『地球の歩き方　シルクロードと中央アジアの国々　2007―2008年版』（「地球の歩き方」編集室編、ダイヤモンド・ビッグ社、二〇〇七年）
『地球の歩き方　シルクロードと中央アジアの国々　2009―2010年版』（「地球の歩き方」編集室編、ダイヤモンド・ビッグ社、二〇〇九年）

著者プロフィール

小山 矩子（こやま のりこ）

1930年、大分県杵築市八坂に生まれる
大分大学大分師範学校卒業
東京都公立小学校教諭・同校長として40年間教職に就く
その間、全国女性校長会副会長として女性の地位向上に努める
退職後、東京都足立区立郷土博物館に勤務。足立区の「風土記」を執筆する
主な著書に、『足尾銅山―小滝の里の物語―』『サリーが家にやってきた―愛犬に振り回されて年忘れ』『ぼくらふるさと探検隊』『ほくろ　嵐に立ち向かった男』『川向こうのひみつ―ばあちゃん、お話聞かせて―（1）』『照美ちゃんかわいそう―ばあちゃん、お話聞かせて―（2）』『魔法使いの帽子とマント―ばあちゃん、お話聞かせて―（3）』『ノモンハンの七月――あれから六十六年』『日本人の底力　陸軍大将・柴五郎の生涯から』『ノモンハンは忘れられていなかった　六十七年後の今』『キルギス　この遠くて近い国　キルギスの第一歩は、「なんと美しい国！」だった……』（いずれも文芸社刊）がある
東京都在住

キルギス再発見 再びキルギスへ

2010年 5 月15日　初版第 1 刷発行

著　者　小山 矩子
発行者　瓜谷 綱延
発行所　株式会社文芸社
〒160-0022　東京都新宿区新宿1－10－1
電話　03-5369-3060（編集）
03-5369-2299（販売）

印刷所　株式会社フクイン

ISBN978-4-286-08914-0　JASRAC 出0915921－901

文芸社●東京都新宿区新宿1-10-1 TEL.03-5369-2299 FAX.03-5369-3066

ノモンハンは忘れられていなかった

六十七年後の今

四六判・122頁・定価1260円・2007年
ISBN978-4-286-03685-4

1939年に起きた「ノモンハン事件」。18,000人と言われる日本軍側の兵士の遺骨は、戦場に今も残されたままである。2004年、民間団体の強い願いと行動に押され、日本国政府はようやくその遺骨収集にふみきる。そこに至るまでの過程、そして問題点に迫る。「ノモンハン事件」を追うヒューマンドキュメント第2弾！

キルギス　この遠くて近い国

キルギスの第一歩は、「なんと美しい国!」だった……

四六判・146頁・定価1260円・2009年

ISBN978-4-286-06658-5

国際交流基金の剣道指導者として夫のキルギス派遣に、一ヵ月間同道することになった著者。中央アジアの真珠と言われるイシク・クル湖を一目見てみたい、そんな思いもあった。しかし、そのキルギスには、太平洋戦争の陰影が歴史を越えて存在していた。日本軍兵士の足跡と国際交流をつづるヒューマンルポ。